Remi
RETROUVE SA MÈRE

d'après
HECTOR MALOT

Texte de Noëlle de Chambrun

Illustrations de Anne Leduc-Dardill

ÉDITIONS G.P.
8, rue Garancière, 75006 Paris

DANS LA MÊME SÉRIE

ADIEU A CHAVANON

VITALIS ET SA TROUPE

VITALIS EN PRISON

LE CYGNE ET LES LOUPS

LA MORT DU SIGNOR VITALIS

LA TRAGÉDIE DE LA MINE

LE MYSTÈRE D'UNE NAISSANCE

REMI RETROUVE SA MÈRE

© 1977 - TMS a License by TMS Througth TF1
© 1982 - Éditions G.P., Paris
PRINTED IN FRANCE

ISBN 2-261-01040-0

Rémi et Mattia se trouvent donc à Londres chez les Driscoll. M. Galley a dit à l'enfant que les Driscoll étaient ses parents. Mais Mattia ne le croit pas. Très vite, ils découvrent que les Driscoll sont des escrocs et revendent des marchandises volées. Pendant ce temps, Mattia et Rémi, tout en cherchant à percer le mystère, donnent des représentations à Londres.

— Tu sais, Rémi, j'ai une nouvelle pour toi, dit soudain Mattia.

— Laquelle, demande Rémi.

— J'ai la preuve que les Driscoll ne sont pas tes parents. Je suis allé à la mairie consulter le registre des naissances. Ils n'ont jamais eu d'enfant de ton âge!

Tout s'éclaire! Voilà pourquoi Rémi n'aime pas M. et Mme Driscoll. Son cœur lui a toujours dit que ce ne sont pas ses parents.

Jolicœur qui, lui aussi, déteste les Driscoll ne cesse de faire des bêtises.

Avec la poudre et le rouge à lèvres de Mme Driscoll, il se maquille.

— Nous n'en ferons jamais un général! soupire Mattia, devant la figure du petit singe couvert de maquillage. (Et puis il ajoute :) Tu sais, Jolicœur, de toute façon, tu es beaucoup plus joli que Mme Driscoll!

Une nuit où les enfants ne dorment pas, voilà qu'ils surprennent une conversation intéressante. C'est M. Driscoll qui s'adresse à sa femme :

— Il faut que nous retrouvions la famille de cet enfant. Nous le lui vendrons pour deux millions. Ce sont des gens très riches.
Mais qui sont-ils?... Quand un monsieur m'a payé pour laisser l'enfant sur un trottoir de Paris, il s'est bien gardé de me dire qui il était! Il faut faire des recherches!

En surprenant ces paroles, Rémi pense à la tristesse de son destin. Jérôme Barberin l'avait recueilli, pensant le revendre à sa famille, puis plus tard, il l'a vendu à Vitalis.

Maintenant, ce sont les Driscoll qui cherchent à le vendre à leur tour. « Pour tous ces gens, je n'ai donc été qu'une marchandise », se dit-il.

Un matin, pendant que les Driscoll sont partis, voilà que Jolicœur, qui cherche toujours à se déguiser, fouille dans de vieux vêtements.

— Regarde ce que tient ce singe, c'est un joli mouchoir, il n'appartient sûrement pas à Mme Driscoll, dit Mattia.

Rémi regarde le mouchoir. Mais, ce n'est pas possible! C'est le même que celui de Mme Milligan, avec un cygne brodé dessus! Alors la lumière se fait jour dans l'esprit de Rémi. Sa mère ne peut être que Mme Milligan et le mouchoir fait partie des habits volés par les Driscoll. Il se souvient alors des mots de la dame du *Cygne* :

— J'ai perdu mon fils aîné, il aurait votre âge aujourd'hui!

Rémi et Mattia cherchent l'adresse des Milligan. Un commissaire de police les renseigne. Ce sont des gens très riches qui habitent sur les bords de la Tamise, non loin de Londres. Les enfants prennent alors le bateau. Mattia a fait la toilette de Jolicœur et lui a appris à boire le thé. Rémi a brossé Capi. La bateau s'arrête devant une grande maison, au-dessus de belles pelouses. Un jardinier s'approche.

— Nous voudrions voir Mme Milligan, dit alors Rémi.

— Elle n'est pas là, répond le jardinier. Elle est partie en France à la recherche de son fils. Elle est sur un bateau, le *Cygne.*

— Partons pour la France, dit alors Mattia.

Pendant qu'ils se dirigent vers la France, Mme Milligan s'est arrêtée quelques jours à l'écluse de Dreuzy. Elle y a rencontré la petite Lise et tante Catherine, la sœur de M. Acquin.

— Cette petite fille est muette, soupire tante Catherine, et elle est très triste depuis le départ de son ami Rémi.

— Rémi? interroge Mme Milligan. Moi aussi, je connais un petit garçon qui s'appelle Rémi!

— C'est peut-être le même, dit tante Catherine.

Et voilà qu'elle raconte les aventures de Rémi, la mort de Vitalis, la tragédie de Varses.

En l'écoutant, Mme Milligan découvre qu'il s'agit du même Rémi qui a rendu Arthur tellement heureux.

— C'est un enfant kidnappé, ajoute tante Catherine. Sa mère adoptive qui l'a recueilli en Auvergne a dit qu'il venait d'une grande famille. Elle lui a montré les beaux vêtements qu'il portait le jour de l'enlèvement.

Alors Mme Milligan pense tout de suite à son fils Richard qui aurait onze ans.

Il faut qu'elle aille à Chavanon avant de se rendre à Genève où Arthur doit être opéré. Oui, à Chavanon, car c'est Mme Barberin qui détient le secret de la naissance de Rémi. Avant de partir, elle voit dans les yeux de la petite Lise une grande tristesse. Elle prend soudain une décision :

— Me permettez-vous, madame, d'emmener votre nièce avec moi? Je consulterai un docteur qui lui rendra la parole.

Soudain la joie illumine les yeux de Lise. Elle monte sur le pont du *Cygne.* A la main, elle tient un mouchoir, celui que Rémi lui a donné : un cygne y est brodé.

Le *Cygne* glisse sur l'eau, vers Lyon. Arrivée à Lyon, Mme Milligan laisse les enfants en compagnie de la gouvernante puis prend le train pour Chavanon.

Mme Barberin, qui vient de recevoir à la ferme une belle dame anglaise, en est toute surprise.

— Pardon, madame, de vous déranger, j'ai fait un long voyage pour vous voir. Pourriez-vous simplement me montrer les vêtements du bébé que vous avez recueilli il y a onze ans? dit Mme Milligan en se présentant.

Alors Mme Barberin ouvre le coffre. Soudain le cœur de Mme Milligan se brise, elle sanglote de joie :

— Rémi, Richard, mon fils! Mon cœur l'avait senti, Rémi était mon fils! Ce sont ses vêtements!

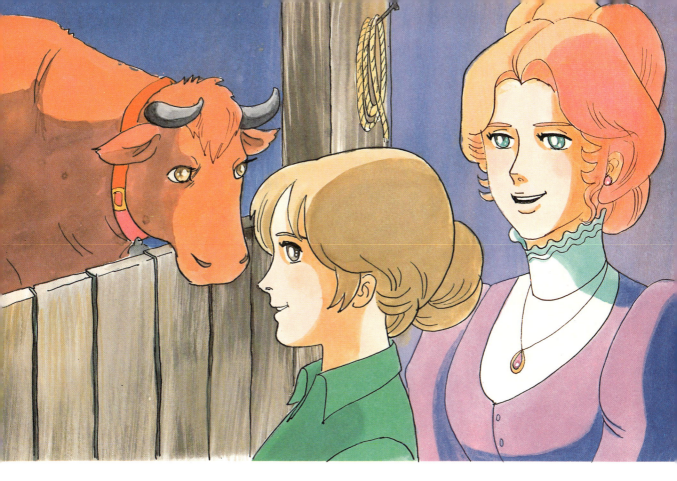

Les deux femmes passent la soirée ensemble. Mme Barberin raconte Rémi et son enfance.

— Maintenant, venez voir Roussette, la vache qu'il m'a offerte! Elle attend un bébé!

Eh oui! Roussette attend un bébé et Rémi a promis qu'il passerait bientôt voir le premier-né de la vache qu'il a donnée à Mme Barberin.

— Je dois repartir pour Genève, soupire alors Mme Milligan. Voilà mon adresse, dites à mon fils que je l'attends!

Le lendemain, elle rejoint le *Cygne.*

Pendant ce temps, Rémi et Mattia ont débarqué en France. Rémi a d'abord décidé de visiter M. Acquin, qui a été emprisonné pour dettes. M. Acquin a été si bon pour lui.

— Mon Rémi, s'écrie alors le jardinier au-delà des grilles de la prison, j'ai su par ma sœur Catherine ce qui s'est passé à Varses. Je sais que tu as offert une poupée à Lise et une vache à ta maman. Tiens, je n'ai plus rien au monde, sauf cette montre que je te donne!

Rémi prend la montre. Comme elle est belle! Capi aboiera de nouveau pour dire l'heure. M. Acquin lui apprend alors la plus belle des nouvelles : Mme Milligan est allée à Dreuzy, elle y a rencontré Lise et l'a emmenée pour se faire soigner en Suisse. Mais, hélas! il n'a pas son adresse.

Rémi et Mattia décident alors de descendre vers Chavanon. Arrivés au village, ils apprennent par Mme Barberin que Mme Milligan est passée et là, sur un papier, se trouve écrite l'adresse de la première maman de Rémi!

— Roussette va avoir un bébé! dit soudain Mme Barberin.

La nuit même, la vache met au monde une petite génisse. Rémi et Mattia sont fous de joie. Mattia prend son violon.

— Cela donnera à cette jeune personne le sens de la musique, dit-il en parlant de la génisse, qui commence à meugler doucement.

Deux jours plus tard, ils partent à Genève. Au milieu des collines qui entourent le lac, apparaît alors la plus belle des maisons. Les enfants descendent du bateau.

Mais quelle est cette petite fille lumineuse comme un soleil qui apparaît à la grille? C'est Lise! Rémi la regarde, son cœur bondit de joie. La petite muette ouvre les lèvres. C'est le miracle, deux sons sortent de sa bouche :

— Ré-Mi, Rémi, Rémi, Rémi!

Une voix de femme alors se fait entendre :

— Lise est guérie, tu entends Arthur, Lise est guérie!

Apparaît, derrière la petite Lise, l'élégante silhouette de Mme Milligan. Des larmes de joie inondent ses yeux clairs. « Mon fils! », murmure-t-elle, pendant que Rémi ouvrant la barrière se jette dans ses bras. Jolicœur prend un air distingué, Capi lèche la main de Mattia, qui se sent un peu triste d'être sans famille au moment des retrouvailles.

Dix ans plus tard, Rémi, le fils de personne, devint un grand homme de loi. Il épousa Lise. Il n'abandonna jamais ses amis.

Mme Barberin éleva ses enfants et Mattia,
aidé par les meilleurs professeurs, devint
le plus grand violoniste du monde.
Arthur, grâce à l'opération de Genève,
réapprit à marcher sans l'aide de personne.
Et les soirs d'automne, dans les jardins
d'Angleterre, en compagnie du vieux Capi
et de Jolicœur, Rémi raconte à sa mère,
Mme Milligan, ce que lui disait Vitalis,
son maître : « Les malheurs de la vie rendent
les hommes plus forts, plus généreux.
Etre adulte, c'est devenir son propre maître ! »

Cet album
a été imprimé
sur les presses de l'Imprimerie Pollina
85400 Luçon - N° 4358

Dépôt légal n° 3669   Avril 1982